그대와 나누고 싶은 말들

그대와 나누고 싶은 말들

초판 1쇄 인쇄 · 2025년 9월 5일
초판 1쇄 발행 · 2025년 9월 10일

지은이 · 이경규
펴낸이 · 김화정
펴낸곳 · 푸른생각

편집 · 지순이 | 교정 · 김수란
등록 · 1999년 7월 8일 제2-2876호
주소 · 서울시 중구 충무로 29, 아시아미디어타워 502호
대표전화 · 031) 955-9111(2) | 팩시밀리 · 031) 955-9114
이메일 · prun21c@hanmail.net
홈페이지 · http://www.prun21c.com

ⓒ 이경규, 2025

ISBN 979-11-92149-69-1　03810
값 14,000원

저자와의 합의에 의해 인지는 생략합니다.
이 도서의 전부 또는 일부 내용을 재사용하려면 사전에 저작권자와
푸른생각의 서면에 의한 동의를 받아야 합니다.
이 도서의 표지와 본문 디자인에 대한 권한은 푸른생각에 있습니다.

푸른
시인선
031

그대와 나누고 싶은 말들

이경규 시집

이경규, 〈뫼〉, 수채화, 32×44cm

| 시인의 말 |

두 번째입니다.

네잎클로버가 행운이라는데
꽃은 세 잎들이 피운 것을 보며
용기 내었습니다.

얕고 가볍지만,
깊고 무겁게 나누고 싶습니다.

2025년 가을을 엿보며
이 경 규

| 차례 |

시인의 말

제1부　능소화의 끝을 보며

13　가을 우체국 앞에서
14　밤눈 오는 것은
15　숯불
16　가을이 간다는 건
17　반전
18　살아남는 법
19　감자
20　수다에 목숨 걸자
21　불꽃 축제
22　참나리꽃
23　여름 과수원
24　전화계
25　능소화의 끝을 보며
26　정형외과
27　힘 사용 계획
28　구멍

제2부   억새의 노래

- 31　소금
- 32　가을 하늘에 부친다
- 34　기회
- 36　나의 하루
- 37　겨울비
- 38　눈길
- 39　겨울 밀밭
- 40　민들레 홀씨
- 41　단풍도 답이다
- 42　억새의 노래
- 43　덩칫값
- 44　반지하방
- 45　12월 31일
- 46　하늘 되는 법
- 47　등대 앞에서
- 48　하루살이의 군무
- 49　반성

| 차례 |

제3부   그대라 부르고 싶소

53   사랑을 가르쳐야
54   그대라 부르고 싶소
55   꽃을 정의하다
56   소통도 부조다
57   덕수궁길
58   뜨거워야 꽃 핀다
59   옛날 팥빙수
60   봄날은 가라
61   싸가지
62   영결
64   외로움
65   은행나무 길에서
66   입춘
67   장미
68   진달래
69   해당화

제4부   아내는 숲이다

73 그래도 짜장면이 있었다
77 빨간 장미꽃 피는 집
78 노량진 컵밥 거리에서
79 삼겹살
80 생일, 축하가 필요한 이유
81 아내는 숲이다
82 아들을 군대 보내며
83 아주 긴 대화
84 추모관에서
85 핑크뮬리
86 밥줄
88 어떤 소통
89 이팝꽃 추억
90 봄처럼
91 아! 벚꽃, 흩날리는 감탄사여

작품 해설
95 내성을 통해 걸러진 꽃의 세계 _송기한

제1부

능소화의 끝을 보며

가을 우체국 앞에서

편지 한 통 부칠 곳도 없어서
나는 가을 우체국이
술집이면 좋겠다고 생각했다

겉봉을 뜯듯 술병을 따고
편지 같은 술을 들며

창가에 지는 은행잎들에게도
우표 같은 한 잔
꼭 권하고 싶었다

밤눈 오는 것은

한밤중
소리 없이 내려
온 세상 하얗게 덮고는

큰일도
세상 바꾸는 것도
다 그리하는 거라고

숯불

내 불길은 꺼졌다고
다시는 탈 수 없다고
절대로 낙망 말자

타다가 그친 숯
다시 불 붙이면
고기도 비싼 것만 굽고

화로에 담겨
안방에서 사랑받았다

가을이 간다는 건

쌓인 낙엽들 푹신해 보여서
힘껏 몸 던졌더니 웅덩이거나

내가 스테이크 사 먹인 여자가
딴 남자랑 클럽에 가는 걸 보거나

그런 기분 아니겠는가

반전

지금 떫거나 쓰다고
밀어내지 마라

홍시 그만큼 먹었으면
알 만하지 않은가

익고 나면 백팔십 도로
확 달라지는 게
세상에는 참 많다

살아남는 법

휘감아 파고들고
끝내 다 덮어버린다고
독종이라 욕한 이들에게도

등나무는
자수정 꽃등불이며
녹향 그늘 아끼지 않았다

감자

감자 캐 나누자고
동창생 김 여사 불러
넉넉히 들려 보냈는데

"니는 감자밖에 모르지?"
오밤중에 문자가 왔다
좀 적었나 보다

수다에 목숨 걸자

어쩌다 대하는
명사 특강이나
심오한 글보다

일상의 수다가
보약이라며
거기에 목숨 걸라고

우울증 걸린 사람이
귀띔해주었다

불꽃 축제

다 봤지?
뜨거운 거
잘 다루면 꽃 된다

참나리꽃

딴 데도 아니고
얼굴에 난 주근깨 갖고도
사랑받더라

많아야 더 좋아하고
사랑도 더 많이 받더라

그게 참된 거라고
이름도 참나리꽃

흠 좀 있다고
기죽어 살 일 아니다

여름 과수원

화려한 꽃 시절 지나
여름 볕 뜨거워지면

훌쩍 자란 아이들은
글래머를 꿈꾸며

몸도 가리고
피부 관리에 들면서

가을이 받아볼
봉투 속 편지가 된다

전화계

은퇴하고 나니
사람 만나긴커녕
종일 전화 한 통도 없대서

입사 동기 여섯 명과
퇴직 후 매일 전화하기
계 모임을 만들었다

능소화의 끝을 보며

끝까지 오른 담벼락 너머엔
풀어헤친 머리
구겨진 듯 축 처진 그가 있었다

오르는 일만 알고
내려가는 법을 배우지 못한
그의 끝은 처연했다

아직도 찬사에 취한
담벼락 쪽은 상상인들 할까

세상사의 끝은 결국 이런 것
뜨거나 추락하는 일도
다 한 줄기에 달려 있건만

정형외과

나이 좀 드니
아무래도 정신과 문제가
더 많아 보이는데

정형외과 갈 일이
잦아지는 건

앉을자리
설자리 더 구별하고
중심도 잘 잡고 살라는
천명이 아닐까

힘 사용 계획

내 나이 웬만하면
자리 차지할 힘 있더라도
그건 사양하는 데 쓰고

그리고도 좀 남으면
더 잘할 사람 찾아내서
밀어주는 데 쓰다가

나머지 탈탈 털어
내 입 막는 데 쓸 거다

구멍

네게 허점 좀 있다고
구멍이라 한 거 미안하다

실은 연탄불을 봤거든
숭숭 뚫린 구멍
거기가 불길이었어
그 덕에 타오른다는 거야

지금 구멍이라고
낙담 말고
기죽지도 마

구멍 하나 없이
꽉 막힌 것들도
세상을 덥히겠다 설치잖아

제2부

억새의 노래

소금

이 세상
가장 낮은 곳에서
세상이 버리는
어떤 것도
다 받아주더니

눈부셔라
끝없이 나오는
진신사리

가을 하늘에 부친다

손 내밀수록 더 멀어져갔던
한 여인처럼
아무리 보아도 파란 하늘은
끝내 잡을 수 없는 꿈만 같아서

이러려고 여름 불볕을
그리 참고 살았는지
피었다 사라지는 뭉게구름처럼
허무함 어찌 없을까만

둘러보고 돌아봐도
내 할 것이라곤 이밖에 없으니
끝이 뻔한 줄 알지만
빠져서 보는 연속극처럼
보고 또 볼밖에

세상엔 꼭 손에 쥐지 못해도
바라보는 것만으로도
만족하고 행복한 것이 있다고

그리 살아왔지 않은가

가진 것도
더 들어올 것도 없는 내가
맑은 눈으로 밝게 웃음 짓는
그 기억만 가져도
실은 이 얼마나 살맛이냐고

파란 창공에 울컥하는 뜨거움
연기처럼 흩어진다
고맙고 눈물겹다

기회

그때 브루넬레스키가
세례당 청동문 제작 공모에
떨어지지 않았다면
어찌 건축을 공부하여
두오모 성당의 돔을 만들고
르네상스 건축 선구자가 됐겠어

미켈란젤로에게
시스티나 성당의
천장화를 그려보라고 떠밀 때
나는 조각가라며 뻗댔으면
천지창조니 최후의 심판이니
그런 게 어찌 나왔겠어

그러니 너무 재지 마라
기회는 언제나 아닌 척
다른 옷을 입고 온다 했다

열 번 넘어지면
일어날 기회도 열 번이다

나의 하루

하루 일 끝내고
집으로 가는 해처럼

최선을 다한
내 하루도

하늘에서 보면
빛나는 노을일 거야

겨울비

겨울비는
홀아비 둘이서
술잔 기울이는 소리로 온다

누가 뭐랄 것도 아닌데
눈치 보듯 뜸뜸 처지를 풀다가
가끔 목 잠기는 소리

우울 깊은 모습으로
인사도 못 나눈 채 돌아서 가는
바깥은 그리 젖고

눈길

인생은
하얀 눈꽃을 보려고
넘어지고
미끄러지면서도
눈길을 가는 거다

겨울 밀밭

찬바람 부는 들에서
파릇한 여린 잎들 본 뒤로
나는 감히 춥단 소릴 못했다

그것이 양심 있는 행동이었음을
지금도 굳게 믿는 것이

그 갸날픈 몸으로도
봄꿈 퍼렇게 꾸고 있었고

봄은 어느 날 밀밭에서
3·1만세운동처럼 일제히
들고 일어나는 걸 보아서다

민들레 홀씨

힘 다 빼고
가장 낮은 자세로 다가갔더니
온 들판을 얻었다

결정적인 것을
어떻게 써야 하는지
민들레는 알고 있었다

단풍도 답이다

향기는 없지만
열광하는 사람들 좀 보세요

꽃 되려다
지치고 힘들면
단풍의 길도 있습니다

사람 빛나는 길이
어디 꽃에만 있겠냐고요
단풍도 답입니다

억새의 노래

치열한 한철을 넘어
석양을 지고 온
머리카락 다 센 용사들아

푸른 날들은 가고
나부끼는 깃발도 쓸쓸한데

굽은 등 서로 비비며
뉘 들으랴
그리도 애절한 유언인가

덩칫값

산 나무에 핀 버섯 봐라
살려고 발버둥치는
버섯이야 못할 일 없지

그러니까 살 파고들도록
기꺼이
참말로 기꺼이
몸 연 나무가 훌륭하단 거야

가졌다 자랑만 말고
버섯에게 몸 연 나무들 봐
덩치 큰 것들이 더 그랬어

반지하방

두더지나 개구리만
땅 밑에 사는 게 아니어서

겨울엔 훈훈하고
여름엔 시원하단 말에
옥탑방 가려다 거기로 갔다

벽 틈새로 지렁이 나오던 첫 집
물 배어 나오던 두 번째
소음과 먼지의 세 번째 길갓집

달리 갈 곳 없던 시절에
무사히 살고 나온 것이
이토록 큰 축복이었다니

사람 밑엔 사람이 없건만
여전히 땅 밑에는 사람이 있고
땅 위의 꿈은 점점 멀어져간다

12월 31일

종점에서
차를 내려본 사람은 안다

거기가
시발점도 된다는 걸

오늘 나는
다시 가려고
새 출발점에 도착했다

하늘 되는 법

선생님을
하늘처럼 모시면
내가
하늘 같은 제자가 된다

부모님을
하늘처럼 모시면
나는 하늘 같은 자식이다

배우자도
친구도
하늘처럼 여기면
그 또한 그리 된다

아
이러면
내 함부로 살 일이 아니다
하늘이 어찌

등대 앞에서

우리가 길을 잃은 것은
등대가 없어서가 아니라

스스로를
등대 못지않다고 여기는
오만함에 있었다

하루살이의 군무

춤추다가 죽는 게
이것 말고 또 있으랴

살아 있다는 건 춤출 일이라고
몸으로 이르는 거야

애들 우스워 마라
수십억 년 해와 달이 볼 땐
인간도 하루살이다

반성

한 시간 앞도 모르고 나왔다가
카페에 앉아 비를 긋는다

하루 천기도 못 보면서
남들 앞날 일에
왜 그리 목청 돋궜을까

운이 더 좋아 잘 왔는데
실력으로 착각했고,
좋아하는 것을
옳은 것으로 여기기도 했다

부끄럽다
비 맞고 가야 마땅하다

제3부

그대라 부르고 싶소

사랑을 가르쳐야

살아보니
정작 중요한 필수과목이
사랑인데

어느 학교에서도
누구에게도
배운 적이 없었다

대중가요가 교재였고
대개는 어림짐작이었으니

하는 법 서툴고
받는 법 몰라서
다치고 아픈 이 많을밖에

이 어려운 공부
언제까지 혼자 하라고
내버려둘 것인가

그대라 부르고 싶소

그리워했다 하면
저으기 놀라겠지요

사랑했다 하면
터무니없다 하겠지요

해도 이제는 감히
그대라 부르고 싶소

길었던 그대 앓이
그거면 됐지 않겠소

꽃을 정의하다

얼마나 최선을 다해
마침내 피었는데
그것도 모르는
바보

당연히 그래야 하는 일로 알고
세상도 다 그런 줄로만 아는
순 바보

지가 꽃인 줄도
예쁜 줄도 모르는
진짜 바보

얼마나 사랑받는지도 모르는
곱빼기 바보

소통도 부조다

왜 연락 한번 없고
왜 그리도 무심했냐고
널 책망했지

그런데 그 연락
나는 왜 못 했을까

내 무심치 않았으면
넌들 무심했으랴

연락 오게 하는 건
먼저 연락하는 데 있는 것

소통도
상호부조가 돼가는데
그걸 몰랐다

덕수궁길

작고 찬 돌도
쌓고 붙이면
궁궐 담벼락 되는데

뜨거운 이들 합치면
어떤 꽃인들 못 피우겠냐며
연인들 거기에 간다

뜨거워야 꽃 핀다

꽃 한 송이,
실은 불덩이 하나
꽃 하면서 터진 거다

감당할 수 없는
뜨거움 차오르면
마침내 피듯이 터지는 것

청초하고 가녀린
풀꽃도 다 그렇다

사람도
꽃 되고 싶거든
그만큼은 뜨거워야지

눈 속에서도 피고
서리 맞고도 피는 것 봐라
어디 예사 뜨거움이겠는가

옛날 팥빙수

나는 얼음에 팥만 든
옛날 팥빙수가
서울물 안 든 꽃분이 같아서 좋다

섞기도 힘든 그릇에
별별 고명들이 다 올라간 건
서울 가서 코부터 세운
미선이 같아서 영 어색하다

시린 이에 치통도 잦지만
꽃분이랑 옛날 팥빙수는
꼭 한번 먹고 싶다

봄날은 가라

이제는 가야 할 때
꽃은 어쩌냐 묻지 말고
봄날은 가라

꽃이 사랑받음은
딱 한때만 사는 데 있고
네 빛남도 짧은 데 있다

설한을 이겨 거룩했고
날 흔든 바람은 달았다

자유보다 아름답고
지성보다 고고했던 봄날아
뻐꾸기 울음 퍼지던 창천아
이제는 가라

갈 사람도 훨훨 가고
내 한 철도 가고
세상은 눈물 머금는다

싸가지

그리도 오래 배웠던
도덕 윤리 철학,
열심히 읽은 양서들과
성현들의 가르침

노블레스 오블리주와
톨레랑스며
에티켓 따위까지도

어른들은 딱 한마디로
가르치셨다

"싸가지가 있어야제"

영결

영결은 보냄이 아니라
새롭게 맞는 일인가 합니다

오직 하늘에 있고
별로만 빛날 줄 알았는데
아무래도
내 안의 빛이 될 것 같습니다

늘 일깨우는 소리가 되고
앞길 밝히는 등불도 되겠지요

분명 더 가깝고
더 깊은 곳에 오는 일이기에
눈물 닦고 정갈한 마음으로
그대를 맞습니다

신이 쓰다 내려준
꽃보다 더 꽃 같은 그 말로

다시 오는 길에 수를 놓습니다

"그대, 사랑해요"

외로움

기다릴 사람 없는데
서성대는 누군가가
대문 앞에 있을 것 같고

올 리 없는 사람을
조바심 내며 기다리는
스스로에게 놀랄 때가 있다

지워지지 않는 잔영,
기다림도 그리움도 아닌
실은 외로움이었다

은행나무 길에서

밤새 그대에게
쓰고 찢고 구기다가
마침내
단정한 한 장을 얻고는

우체국 가는
은행나무 길 나서 보니
아 굳이 글 편지를 왜

그대
은행잎 봉서 받거든
금빛 물결치는 이 길에
날리는 잎처럼 오소서

건너지 못할 물가에 선 듯
차마 홀로 가질 못하여
나 눈감고 섰나니

입춘

봄,
딱 입 모양만 짓는데도
온 세상 수런수런

왜 안 그렇겠어
그 뒤는
늘 어마어마했으니

눈치만 긁고도
가슴 뛰는 게 사랑인데

프러포즈 받고
어찌 진정하고 있으랴

장미

무수한 가시를 달고도
예쁘다
향기롭다
사랑받는 장미를 봐

어떻게 살았든
무슨 허물이 있건
하나만 제대로 피면 되는 거야
가시는 쳐다도 안 봐

진달래

웃는 듯
우는 듯

연분홍 치마
날리듯
뒤집힌 듯

불그스레 취한 듯
발그라니 부끄러운 듯

빈산에
제일 먼저 와서는
오라는 듯
기다리라는 듯

해당화

바다도
위로가 되지 못해
울적하니 돌아서는데

아
눈시울 뜨거운
붉게 핀 바다여

제4부

아내는 숲이다

그래도 짜장면이 있었다

1.

아버지 장례 치르고 오는 길
면사무소 앞 마성루에서
이른 저녁으로 짜장면을 먹었다

마음 무너지고
몸마저 헝클어진 터에
그냥 밥은 넘어갈까 싶었다

2.

딸 시집보내고
집 근처 회영루에서
짜장면을 먹었다

좋기도 하고
서운함도 큰 복잡한 심사에
울 일은 아니지만
웃음기도 별로 없던 날이었다

3.

호주머니 사정 안 좋은 친구들
만 원씩 들고 종로3가에 모여
싼 커피에 짜장면 먹는다

매달 한 번이라도 볼 수 있는 건
짜장면 덕분인지 몰라서
경건하게 받든다

4.

군대 갈 때 북경장에서
친구들은 다꽝에 배갈을 마셨고
나는 짜장면을 먹었다

휴가길에 부대를 나오면
외상 잘 주던 만리장성에서
곱빼기로 먹고는
귀대길에 돈을 갚았다

5.

딱 한 번 짜장면 사주시고는
50년 전 세상 뜨신 아버지와
결혼한 지 37년인 아내도
내겐 진정한 짜장면이다

아이들아 내 기일에는
중국집에 모여 짜장면을 먹어라
너희도 어찌 짜장면 아니겠느냐

6.

내 인생이란 게
짜장면 먹다 얼룩얼룩 때를 묻히고
그것 빼느라 안간힘 쓰고는
또 짜장면을 찾는 연속이다

비 오던 어느 날
차부 옆 오복반점에서

고춧가루 친 짜장면을 비비던 숙희
달짝한 다꽝처럼 생각난다

빨간 장미꽃 피는 집

빨간 장미꽃 피는 집에는
갸름한 얼굴의 세련된 여인이
순한 남편과 살 것이다

꽃에 이끌려 왔다 하면
차도 내올 것 같지만
엿보듯 스치듯
빨간 장미꽃 핀 집은
그리 보는 거다

거실엔 풍경화가 걸려 있고
클래식 음악이 흐르며
큰 키에 얼굴 예쁜 딸도
둘이나 있을 것이다

빨간 장미꽃 피는 집은
밖에서 보는 이가 더 행복한 법
그것을 아는 아름다운 사람이
사는 곳이다

노량진 컵밥 거리에서

별별 밥들이 다 있고
사람에 치여 죽는다는
서울에서

많은 날 컵밥으로 때우고
그때마다 길가 혼밥이란 걸
부모님도 모르실 리야

어머니 요즘 잘 체하신다는데
천 리를 두고 대하는 밥에
어찌 눈물은 같이 어리는지

삼겹살

아내 얼굴살보다
삼겹살이 더 반가워졌다

이게 다 기름 때문,
아내 얼굴살에 기름 빠지자
내 애정도 좀 빠졌고
날 대하는 아내도 그럴 터

세월 먹는다는 건
삼겹살에 비교당하는
어쩜 그런 것일지도

생일, 축하가 필요한 이유

엄마가
혼을 다 빼
피운 꽃이

꽃답게 못 살아서
엄마 더 그립거나 미안해서

속울음 달래는 데
필요한 줄
이심전심으로 알고는

축하
또 축하

아내는 숲이다

사는 게 심드렁해지면
거친 비바람 다 안아주는
숲으로 가 아내를 생각했다

그는 숲이었고
난 날아든 한 마리 새
오만 곳을 다녀도
돌아갈 곳은 오직 거기뿐이었다

언제나 받아주면서
맑고 푸르고 빛나게
아내도 숲처럼 우거져가고
나는 늘 힘차게 날아올랐다

아들을 군대 보내며

군대 가는 아들을
부모는 눈물로 보낸다
기어코 그런다

아들의 마른 목
눈물은 뜨겁게 적실 것이다

자식 앞에 눈물 보이는 게
그리 쉬운 일이던가
아들도 그걸 안다

그 눈물 있어
어머니 은혜 젖은 소리로 불러도
그 세월 다 이기고 오는 거다

아주 긴 대화

"밥은 묵고 댕기냐?"
"어, 엄마……"

더 말 안 해도 다 알기에
엄마도 자식도
천 리를 둔 채 눈물 훔친다

추모관에서

다정한 가족사진
일 다녀 자주 못 왔단 쪽지
군대 가니 지켜달라는 글

확실히 죽음이란
남은 자에게 더 가혹한 일
올 때마다 두렵다

말할 수 없는 아픈 이별
슬플 겨를 없이 맞닥뜨린 현실
그 비정함에 얼마나 울었을까

죽지 말고 이대로 살아야겠다
나로 인해 울게 하는 일
나는 못 하겠다
내가 뭐라고

핑크뮬리

봉숭아 채송화
그런 것만 꽃으로 치던 울 엄마
핑크뮬리 보시더니
저것이 꽃이여 풀이여

그런데 어감이
니가 사람이여 짐승이여
닦달하던 딱 그때 같기도 하고

밥줄

밥줄은 아마도
눈물샘에 닿아 있을 거다

밥줄이 끊겨도
그것이 다시 이어져도
눈물 먼저 나고

누군가
뜨뜻한 밥 한 그릇 내어도
눈물이 돌고

엄마가 차려주던
밥 생각에도 눈물 눈물

밥 생각하며
삼킨 눈물도 많았다

해부학에도 안 나오는

그 질긴 줄은 어떤 곡절로

눈물샘에 닿아 있는가

어떤 소통

여든 할아버지께
창구 직원
말을 속사포로 쏘아댄다

할아버지는 자꾸 되묻고
직원은 허비한 시간 벌려는 듯
더 빠른 말 속사포

천천히 말해달라
할아버지는 혈압 높이고

직원은 결국
천-천-히
또-박-또-박

참 매번
밑지고 있다

이팝꽃 추억

밥을 노래하다
보릿고개에 죽은 아이들이
꽃으로 핀 거랬다

그 맑은 아이들 혼꽃이라서
저리도 하얗다고 했다

나도 이팝꽃 될까 봐
더 서럽게 울던
어린 때가 있었다

봄처럼

가장 낮은 곳도
손가락질받는 곳도
성질 더럽던 그 여자에게도

가리지 않고 찾아가
꽃을 피우고
간지럽히고
웃게 하여도

그 흔한 자랑질은
한 번도 없어서

힘은 봄처럼 쓰는 거라고
일은 그리 하는 거라고
우리 아버지가 늘 말씀하셨다

아! 벚꽃, 흩날리는 감탄사여

별이여
눈이여
달빛이여
얼굴 희던 그대여

하얀 드레스 입은
이 세상 신부들이여

감격에 벅찬 눈물이여
기쁨의 환희여
마침내 연 가슴이여

가난한 나도 누리는
이 사치여

작품 해설

| 작품 해설 |

내성을 통해 걸러진 꽃의 세계

송기한(문학평론가, 대전대 교수)

1. 내성이라는 자기 윤리

이경규 시인의 두 번째 시집 『그대와 나누고 싶은 말들』은 깔끔한 서정을 바탕으로 자아의 내면을 충실히 구현한 시들로 채워져 있다. 제목이 시사하는 바와 같이 이번 시집에는 현란한 수사라든가 난해한 통사와 같은 의장들이 거의 드러나지 않는다. 그러한 까닭에 서정적 자아가 말하고자 하는 메시지들이 여과 없이 드러나고 독자에게 쉽게 전달된다. 그저 자신의 옆자리에 누군가를 앉혀놓고 스스로가 생각했던 것들을 담담히 풀어내고 있는 형국을 보여주고 있다. 시인의 작품들이 독자에게 무매개적으로 고스란히, 그리고 직접적으로 흡수되는 것도 이런 편안함, 솔직성과 무관하지 않는 것처럼 보인다.

이경규 시인의 시들은 맑고 투명하다. 그러한 감각은 짧은 시 형식과 이를 표백하는 언어의 깔끔함 속에서 길러진다. 그 청아한 세계에서 시인은 자신의 주변에 있는 사람들, 혹은 이웃들과 나누고 싶은 말들을 적극적, 능동적으로 건네고자 한다.

서정시는 무엇보다 일인칭 독백의 장르이다. 타자로 향하는 말보다는 자아로 향하는 말이 다른 어떤 장르보다 많은 것이 서정 양식의 일반적인 특징이다. 시인의 시들 역시 서정시의 이러한 장르적 특성들이 비교적 잘 구현되고 있는 것처럼 보인다. 특히 타자를 향한 음성들보다는 자아를 향한 음성들이 많은 탓에 그의 시들은 일인칭 고백의 정서들이 활기차게 물결치고 있음을 보게 된다. 그러한 음성들 가운데 대표적인 것이 이번 시집에서 내성과 관련된 부분이 아닌가 한다.

> 한 시간 앞도 모르고 나왔다가
> 카페에 앉아 비를 긋는다
>
> 하루 천기도 못 보면서
> 남들 앞날 일에
> 왜 그리 목청 돋궜을까
>
> 운이 더 좋아 잘 왔는데
> 실력으로 착각했고,
> 좋아하는 것을
> 옳은 것으로 여기기도 했다
>
> 부끄럽다
> 비 맞고 가야 마땅하다
>
> ―「반성」 전문

제목에서 쉽게 유추할 수 있는 것처럼, 이 작품을 인도하는 정서의 끈은 내성에 관한 것이다. 내성이란 일상에서 흔히 말하는

'반성'이라는 정서에 기반을 둔다. 이 정서는 스스로를 뒤돌아본다는 사전적 정의에서 알 수 있는 것처럼, 자기 윤리의 영역과 분리하기 어려운 것이다.

인간의 행위나 사유가 윤리 밖에 놓여 있을 때 흔히 어긋남이라든가 반칙이라는 규율의 위반이 생겨난다. 그러한 위반들이 인간 관계나 사회 질서를 교란시키는 것은 자명하거니와 만약 그러한 것들이 제어되지 않는다면 사회의 아름다운 공존은 유지하기 어렵게 된다. 그렇게 되면 더불어 사는 사회, 보편의 가치들은 여지없이 무너지게 된다.

그리고 인간은 누구나 예외 없이 다가올 미래 사회에 대해 자신만의 고유한 유토피아 의식을 갖게 된다. 그것은 이상 사회에 대한 열망에서도 그러하고 존재론적 완성이라는 피투된 존재들의 영원한 꿈에서도 그러하다. 그런데 그러한 낭만적 이상 세계는 갈망한다고 해서 곧바로 실현되는 것은 아니다. 그 이상적 정점에 도달하기 위해서는 이를 예비하기 위한 윤리적 결단이 있어야만 하는 까닭이다. 그러한 결단의 중심에 놓여 있는 것이 아마도 자기 윤리에 대한 준열한 검열일 것이다.

「반성」은 그러한 윤리에 대한 검열이 매우 엄정하게 나타나 있는 시이다. 이 작품을 지배하는 정서는 거대한 우주적 질서와 그에 보조를 맞추지 못하는 인간의 위반 의식 속에서 자아의 윤리 의식을 문제 삼은 작품이다. "한 시간 앞도 모르고 나온 것"은 물론 인간의 그릇됨이나 잘못된 판단에서 나온 것은 아니다. 중요한 것은 이런 질서를 언제나 알 수 있고, 제어할 수 있다고 판단하는 인간의 오만함에 있을 것이다. 이런 아우라 속에서 서정적 자아의 선택 또한 마찬가지이다. 자아 역시 마치 자신이 늘상 앞서 있고 그 자리에서 타자를 지배할 수 있다고 인식론적 오만을 표명해왔기 때문이다.

> 우리가 길을 잃은 것은
> 등대가 없어서가 아니라
>
> 스스로를
> 등대 못지않다고 여기는
> 오만함에 있었다
>
> ─「등대 앞에서」 전문

이 작품은 「반성」의 연장선에 놓여 있다. 인간은 예지자 혹은 선지자가 아닌 까닭에 앞길을 예단할 수 없거니와 경우에 따라서는 실수를 할 수도 있다. 그 결과 나아갈 길을 잃고 방황의 늪에 빠질 수 있게 된다. 그런데 이런 실수를 자신의 것으로 되돌리려 하지 않는 데서 인간의 또 다른 오만함이 자리하고 있다고 서정적 자아는 경계의 시선을 보내게 된다. 자아가 길을 잃는 것은 "등대가 없어서"라는 핑계가 바로 그러하다. 물론 물리적인 현실은 그 상대적인 자리에 놓여 있는데도 말이다. "등대가 없어서" 길을 잃은 것이 아니라 "스스로를/등대 못지않다고 여기는/오만함에" 그 원인이 있기 때문이다.

오만함이 감각되는 순간 자아는 윤리를 생각하게 된다. 표면적인 사유가 아니라 깊이 있는 사유의 늪에 빠지는 것이다. 그 아련한 깊이 속에서 자아는 이를 뚫고 올라올 수 있는 서정의 열정을 갈구하게 되는데, 그것이 바로 내성이라는 성찰의 정서이다.

성찰은 시인에게, 아니 인간이라면 누구나 가질 수 있는 감각이다. 이 감각이 있기에 인간은 지금 여기의 현존을 초월할 수 있는 근거랄까 힘을 갖게 된다. 반대로 그것이 부재하게 된다면, 인간은 한 차원 높은 세계에 대한 전망을 결코 보지 못하거나 나아갈 수가 없게 될 것이다. 말하자면 스스로 조율할 수 있는 힘을 잃게 됨으로써 자아는 윤리 밖의 경계를 넘어 아무렇게나 하는 행동, 곧 위반을 할 것이다. 그 제어되지 않는 에네르기가 어떤 행동으로 이어지게 되고 어떤 결과를 만들어내는지에 대해서는 굳이 말하지 않아도 알게 된다.

> 내 나이 웬만하면
> 자리 차지할 힘 있더라도
> 그건 사양하는 데 쓰고
>
> 그러고도 좀 남으면
> 더 잘할 사람 찾아내서
> 밀어주는 데 쓰다가
>
> 나머지 탈탈 털어
> 내 입 막는 데 쓸 거다
>
> ―「힘 사용 계획」 전문

인용 작품은 제목이 이채롭고 재미있는 시이다. 뿐만 아니라 시인의 내성과 분리하기 어려운 작품이라는 점에서도 흥미를 끄는 시이기도 하다. 이 작품에서 힘이란 일종의 에네르기이다. 좀 더 형이상학적으로 말하자면 욕망이라도 해도 무방하다. 시인은 후자의 감각보다는 전자의 감각에 보다 가깝게 사용한 것으로 보인다.

  이 작품에서 힘은 세 가지 방향성을 갖고 있다. 하나는 사양하는 힘이고, 서정적 자아가 사양해야 하는 것은 자리이다. 그것은 물리적인 자리이기도 하고 형이상학적인 자리이기도 할 것이다. 실상 인간들의 욕망이 가장 큰 불꽃을 일으키며 각축을 벌이는 무대란 아마도 자리일 것이다. 그것은 권력의 자리일 수 있고, 직업의 자리일 수도 있을 것이다. 말하자면 욕망을 부르는 무대라는 점에서는 동일하다고 할 수 있다. 하지만 서정적 자아는 그러한 욕망의 자리와 거리를 두겠다고 다짐하는데, 설사 자신에게 어떤 자리가 예비되더라도 타인에게 양보하겠다고 말하고 있는 것이다. 이는 곧 내성의 결과가 만든 올바른 실천일 것이다.

  두 번째 방향은 타인을 밀어주는 힘이다. 이 힘은 첫 번째의 힘보다 더 능동적이다. 양보하는 차원에서 그치는 것이 아니라 적극적으로 누군가를 추천하는 힘으로 나아가는 까닭이다. 이런 행동은 스스로가 감당할 힘이 없어서가 아니라 보다 적합한 사람에게 양보하는 것이기에 앞의 경우보다 보다 큰 선의가 있게 되고 아름다운 경우로 자리매김된다. 윤리적 수련이 없다면 이런 행위는 가능하지 않다는 점에서 서정적 자아의 윤리적 척도가 어느 경지에 이른 것인지 알 수 있게 해준다.

  마지막 세 번째 힘은 "내 입 막는 데 쓰는 힘"이다. 이 정서는 시인이 이번 시집에서 전략적인 주제로 삼고 있는 윤리 의식과 분리되는 것이 아니거니와 인용시에서 표방된 힘 가운데 가장 내성에 가까운 정서를 보이고 있다는 점에서 그 의미가 있다. 물론 앞의 두 가지 힘들 또한 내성이나 수양과 분리되는 것이 아니긴 하지만 세 번째 힘은 자신을 직접적으로 겨냥하고 있다는 점에서 그러하다.

2. 긍정성과 이법

자아에 대한 반성, 곧 내성은 보다 완전한 실존으로 가기 위한 도정이다. 인간은 결핍과 불완전성을 갖고 태어난 존재이기에 이를 초월하기 위해서는 끊임없는 수양의 과정이 필요하다. 그리고 그것이 어쩌면 인간의 운명이자 이를 정서화하는 서정시의 운명일 것이다. 이경규 시인은 인간이 갖고 있는 그러한 한계가 무엇인지 분명하게 이해하고 있는 것처럼 보인다. 그의 시들에서 보이는 수양이라는 정서의 편린들 속에서 이를 확인할 수 있는 까닭이다.

시인이 펼쳐 보인 수양이라는 정서의 파동들은 이번 시집에서 대략 두 가지의 방향성을 두고 이루어진 것처럼 보인다. 하나는 긍정적 마인드이고, 다른 하나는 비움의 정서이다. 하지만 이 두 가지 정서는 서로 평행선을 이루는 것이 아니라 하나의 지점에 뿌리를 두고 접점을 이루며 나아가는 것이라 해도 무방한 경우이다. 먼저 그의 시에서 드러나는 긍정의 정서들이다. 그 하나의 실례를 보여주는 시가 「참나리꽃」이다.

> 딴 데도 아니고
> 얼굴에 난 주근깨 갖고도
> 사랑받더라

많아야 더 좋아하고
사랑도 더 많이 받더라

그게 참된 거라고
이름도 참나리꽃

흠 좀 있다고
기죽어 살 일 아니다

—「참나리꽃」 전문

완전한 것이 아름다운 것이고, 흠이 없는 것이 미의 구경적 척도가 되는 것일까. 어느 미학자는 미는 추 속에서 발현된다고 했는데, 이는 곧 완전 속의 불완전이 보다 인간적이고 아름다울 수 있다는 의미일 것이다. 이런 일들은 일상에서도 흔히 발견할 수 있는 일인데, 가령, 깨끗이 다림질한 옷을 입은 사람보다 무언가 약간의 접힘이 있는 옷을 입은 사람이 보다 유연한 느낌을 주는 것과 비슷한 이치이다.

완전 속의 불완전을 추구하는 이러한 미적 가치는 「참나리꽃」에서도 그대로 확인된다. 여기서 '주근깨'는 이른바 못생김의 영역, 곧 추의 영역이다. 그것은 잘생김, 곧 아름다움을 일탈시키는 매개이다. 하지만 이러한 균열이 있다고 해서 그것이 곧바로 타자의 정서에 추의 파동을 일으키는 것은 아니다. 상황은 그 반대이다. 주근깨가 "많아야 더 좋아하고/사랑도 더 많이 받"는 까닭이다.

그래서 결론은 예상 밖의 반전으로 이어진다. "흠 좀 있다고/기죽어 살 일 아니"라는 것이다. '흠'은 추의 영역이고, 타자들로 하여금 미움의 정서를 주게 되는 근거일 수도 있을 것이다. 하지만 시인의 정서는 그러한 영역의 밖에서 새로운 물결로 다가오게 된다. 삶에 대한 좌절이 아니라 긍정의 정서로 말이다. 이런 감각은 「구멍」의 경우도 마찬가지이다.

> 네게 허점 좀 있다고
> 구멍이라 한 거 미안하다
>
> 실은 연탄불을 봤거든
> 숭숭 뚫린 구멍
> 거기가 불길이었어
> 그 덕에 타오른다는 거야
>
> 지금 구멍이라고
> 낙담 말고
> 기죽지도 마
>
> 구멍 하나 없이
> 꽉 막힌 것들도
> 세상을 덥히겠다 설치잖아
>
> ―「구멍」 전문

여기서의 '구멍'은 '주근깨'의 또다른 대치물이다. 하지만 '주근깨'가 그러한 것처럼 '구멍' 또한 부정적인 대상으로 구현되지 않는다. 그것은 대상으로 하여금 존재론적 전환을 가져오게 하는 긍정적인 좌표로 기능하는 까닭이다.

이경규 시인의 시들은 밝고 명랑하다. 그의 시에서 좌절과 같은 어두운 그림자는 거의 보이지 않는다. 그는 이 긍정적이고 쾌활한 정서들을 이웃에 전달하고, 그들과 함께하는 공존의 장을 마련하고자 한다. 이런 면에서 그의 시들은 교훈적이기까지 하다. 그렇다고 해서 그의 시들이 흔히 말하는 계몽의 차원으로까지 이르지는 않는다. 만약 그러하다면 그것은 또다른 오만이 될 수 있으며, 그럴 경우 그것은 그의 시의 본령과는 거리가 멀어지게 된다. 그의 시들은 교훈적이기는 하되 명령이나 지시의 구조를 갖고 있지 않다. 그는 그저 자신이 일상성에서 깨달은 것들, 진실한 것이라고 생각하는 것들을 자신의 이웃들에게, 혹은 독자들에게 부드럽게 건네고 있을 뿐이다.

  시인이 이런 경지에 이를 수 있었던 것은 분명 수양이라는 도정이 있었기에 가능한 것이었다. 그 과정을 통해서 그는 세상에 대해 긍정적 자세를 가질 수 있었고, 자신의, 혹은 세상의 밝은 면들만을 서정화할 수 있었다. 흠결마저도 새로운 생산력으로 이끌 수 있는 힘, 좌절이 아니라 긍정의 정서로 전환할 수 있는 힘이 있었기에 가능했던 것이다. 그가 길어 올리는 서정의 샘은 매우 풍부해졌다. 한 가지 정서가 표출되었다고 해서 곧바로 고갈될 수 있는 성질의 것도 아닐 만큼 그 샘을 가득 채우고 있었던 것이다. 거기서 언어의 물줄기를 타고 시인의 정서들은 계속 뿜어나오고 있었던 것이다. 이와 함께 그러한 줄기 가운데 또하나 주목해야 할 것이 있다. 이른바 비움의 정신이다.

    힘 다 빼고
    가장 낮은 자세로 다가갔더니
    온 들판을 얻었다

결정적인 것을
어떻게 써야 하는지
민들레는 알고 있었다

　　　　　　　—「민들레 홀씨」 전문

이 작품에서 '힘'이란 욕망이다. 욕망이란 채우려는 정서이고, 그것에 충만하게 되면, 인간은 더더욱 존재론적 불안에 빠지게 된다. 그러한 까닭에 수양이나 윤리적 수준을 고양시키기 위해서는 무엇보다 욕망을 다스리고 제어할 줄 알아야 한다. 「민들레 홀씨」가 말하고자 하는 부분도 바로 여기에 있다. "힘 다 빼고"란 곧 욕망의 삭제이거니와 이런 수준이란 "가장 낮은 자세"를 취할 때에만 가능한 정서이다. 그럴 때 서정적 자아는 "온 들판을 얻었다"고 했다. 말하자면 비우니까 다시 그 자리를 온전히, 아니 이전보다 더 풍족하게 채웠다는 것이다. 비울 때 비로소 더 많은 것을 얻을 수 있다는 이 역설이 이 작품을 이끌어가는 힘이 되고 있는 것이다.

　욕망을 버린다는 것은 자신을 낮추는 일이다. 반면 자신을 세우는 일은 욕망의 덫에 걸리는 일이 된다. 그럴 경우, 서정적 자아에게는 '온 들판을 얻지 못하는' 경우가 일어날지도 모른다. 무언가를 얻기 위해서는 자신을 작게 만들고 철저하게 버릴 줄 알아야 한다.

춤추다가 죽는 게
이것 말고 또 있으랴

살아 있다는 건 춤출 일이라고

몸으로 이르는 거야

애들 우스워 마라
수십억 년 해와 달이 볼 땐
인간도 하루살이다

—「하루살이의 군무」 전문

이 거대한 우주 속에서 인간이란 어떤 존재일까. 인간은 우주의 크기를 가늠하지 못하거니와 당연스럽게 인간의 크기가 무엇인지 모른다. 어쩌면 작은 곤충을 '하루살이'라고 폄하면서 그 스스로에 대해서는 마치 우주와 같은 거대한 존재로 착각하고 있는지도 모른다. 하지만 현실은 그 반대이다. 그리고 그러한 현실에 직시하지 못할 때, 인간에게 다가오는 비극적인 운명이 무엇인지 똑바로 알아야 할 필요가 있다. 시인이 경계하는 것은 바로 이 부분이다. 인간이란 거대한 우주 속에서 '하루살이'에 불과하다는 것, 이를 똑바로 이해할 때, 인간의 수양은 비로소 완성된다는 것이 이 작품의 함의이다.

3. 꽃으로 승화되는 아름다운 일상

『그대와 나누고 싶은 말들』은 맑고 투명한 세계를 짧은 시 형식 속에서 담담하게 풀어낸 시집이다. 그리고 이 형식 속에 수양의 도정, 넉넉한 긍정성과 비움의 정신을 언어의 외피 속에 잘 담아낸 시집이기도 하다. 말하자면 '그대와 나누고 싶은 말들'이 현란한 수사나 언어의 복잡한 미로 속에서 벗어나 시를 읽는 독자에게 잔잔하게 전달되고 있는 것이다.

이렇게 흥미롭게 다가오는 말 속에 또 하나 주목해야 할 주제랄까 소재가 바로 '꽃'이다. 이번 시집에는 꽃과 관련된 시들이 제법 많이 등장하는데, 한 권의 시집에서 특정 소재가 군집을 이루는다는 것은 곧 전략적인 소재가 된다는 뜻이 되기도 한다. 실제로 이번 시집에서 '꽃'은 자아의 정서와 밀접하게 결합되어 있다는 점에서 주목의 대상이 된다.

'꽃'은 아름다움의 정서를 환기시켜주는 동시에 승화의 이미지로도 구현된다. 그것이 후자의 정서가 될 수 있는 것은 '개화'의 이미지와 분리하기 어렵게 결합되어 있기 때문이다. 실제로 시인이 이번 시집에서 주목하는 부분도 이와 밀접한 관련이 있다.

꽃 한 송이,
실은 불덩이 하나
꽃 하면서 터진 거다

감당할 수 없는
뜨거움 차오르면
마침내 피듯이 터지는 것

청초하고 가녀린
풀꽃도 다 그렇다

사람도
꽃 되고 싶거든
그만큼은 뜨거워야지

눈 속에서도 피고

> 서리 맞고도 피는 것 봐라
> 어디 예사 뜨거움이겠는가
> ―「뜨거워야 꽃핀다」 전문

　제목이 시사하는 바와 같이 이 작품이 묘사하고 있는 것은 꽃의 개화 과정이다. 그런데 시인은 꽃의 개화 과정을 시간적 질서라든가 물리적 시간의 경과와 같은 데서 구하지 않는다. 그러한 과정은 어찌 보면 순리라든가 이법의 영역에 가까운 것인데, 시인은 일단 그러한 감각으로부터 한 걸음 비껴 서 있다.

　시인이 이 작품에서 강조하고 있는 것은 어떤 계기적 질서에 의한 것이 아니다. 그러한 까닭에 서정의 개입이 깊게 이루어진다. 이를 증거하는 것이 이른바 '뜨거움'의 정서이다. 꽃은 시간의 경과에 의해서 개화되는 것이 아니라 '불덩이'의 조화에 의해서 "꽃 하면서 터진 거"라는 인식인 셈이다.

　꽃이 '불덩이'의 작용에 의해 만들어진 것이라는 상상력은 매우 이채롭긴 하지만, 시인이 이번 시집에서 펼쳐 보인 정서와 관련시켜 보면, 어느 정도 상관성을 갖고 있는 경우이다. '뜨거움'이란 수양의 과정과 분리하기 어려운 까닭이다.

　이런 맥락에서 이해하게 되면, '꽃'은 자아의 승화된 모습, 곧 자아의 은유로 이해해도 무방할 것이다. 여기서의 꽃은 승화의 과정을 거친 후에 이루어진 결과물이다. 서정적 자아가 이번 시집에서 펼쳐 보인 자아의 수양을 통해서 도달한 긍정적 마인드나 비움의 정신과 동일한 차원의 것이다. 그러한 도정에서 얻어진 것이기에 꽃은 인고의 시간을 거쳐서 핀 것이고, 그 저변에는 뜨거움이 있었던 것이다. 시인의 작품에서 꽃은 늘 이런 과정을 거친 다음에 피어난다.

> 다 봤지?
> 뜨거운 거
> 잘 다루면 꽃 된다
> ─「불꽃 축제」 전문

 꽃은 저 멀리 떨어진 자연에서 스스로 핀 것이 아니다. 인공의 과정을 거쳐야 되고, 수양이라는 윤리 정신이 전제되어야 비로소 하나의 꽃이 될 수 있는 까닭이다. 이런 맥락에서 이 꽃은 '내가 불러줄 때, 비로소 나에게로 와서 꽃이 되었다'는 김춘수의 꽃과는 거리가 있다.
 꽃은 시인에게 수양의 과정에서 얻어진 결정체이다. 인간의 수양이나 윤리적 감각이 물리적 시간에 의해 자연스럽게 이루어지는 것이 아닌 것처럼, 시인이 묘파한 꽃도 그러한 자연의 질서에 의해서 개화된 것이다. 그것은 수양에 바탕을 둔 '뜨거움'의 정서가 있었기에 가능한 것이었다.

> 빨간 장미꽃 피는 집에는
> 갸름한 얼굴의 세련된 여인이
> 순한 남편과 살 것이다
>
> 꽃에 이끌려 왔다 하면
> 차도 내올 것 같지만
> 엿보듯 스치듯
> 빨간 장미꽃 핀 집은

그리 보는 거다

거실엔 풍경화가 걸려 있고
클래식 음악이 흐르며
큰 키에 얼굴 예쁜 딸도
둘이나 있을 것이다

빨간 장미꽃 피는 집은
밖에서 보는 이가 더 행복한 법
그것을 아는 아름다운 사람이
사는 곳이다
―「빨간 장미꽃 피는 집」 전문

 이 작품은 한 편의 아름다운 풍경화를 연상시킨다. 아름다움이라는 미의 영역을 가능케 한 것은 물론 '장미꽃'의 개화이다. 그러한 꽃을 응시하는 사람, 그리고 그 꽃 속에 갇혀 있는 사람은 행복한 사람이고 행복한 삶을 살아가는 사람들일 것이다. 서정적 자아가 이렇게 단정하는 이유는 간단하다. 장미꽃은 뜨거움이라는 도정을 통해서 개화된 것이기 때문이다. 이 따스함이 수양의 과정이거니와 이 과정을 통해서 완결된 존재야말로 인간이 선험적으로 갖고 있는 불구성을 초월한 존재가 될 것이다.

 수양을 통해 윤리적으로 완결된 자는 아름답다. 뿐만 아니라 자아를 비운 존재 역시 동일한 정서로 다가올 것이다. 꽃은 그러한 도정을 거친 자아의 아름다운 모습이다. 말하자면 개화의 과정에서 드러나는 온갖 추의 영역을 딛고 일어선 아름다움의 영역, 곧 미의 영역이다. 그러니까 꽃은 윤리적 수양이 쌓은 서정적 자아의 구경적 실체라 할 수 있을 것이다.

  이경규 시인의 시들은 긴 형식과는 거리가 멀다. 시인은 짧은 시 형식 속에서 인간의 복잡한 정서를 하나로 걸러내는 솜씨를 보여주었다. 복잡한 실타래를 하나의 끈으로 전환시켰으니 그가 속삭이는 언어들은 거부감없이 우리에게 친숙하게 다가온다. 시인은 그 맑고 투명한 언어를 이웃에게 속삭인다. 꽃으로 승화된 미의 세계야말로 복잡한 일상에서 우리가 진정 나가야 할 지름길이라고 말이다.

그대와 나누고 싶은 말들

이경규 시집